지킴이 안전 교육 동화 교과 연계

＊보육·유치 과정
　기본 생활 : 안전한 생활
　건강 생활 : 안전하게 생활하기

＊초등학교 과정
　1학년 2학기 바른 생활 : 나의 몸
　1학년 2학기 슬기로운 생활 : 나의 몸/병원놀이
　2학년 1학기 바른 생활 : 함께 지켜요
　2학년 2학기 바른 생활 : 지키면 안전해요/
　　　　　　　　　　　　생명의 소중함

글 꿈바라기

아이들이 아름답고 예쁜 마음을 가지고 자라길 바라며
글을 쓰고 있는 전문 작가 그룹이에요. 아이들이 안전에 대해 인식하고
스스로를 지키며 건강한 어른으로 성장하길 바라며 〈지킴이 안전 교육 동화〉를 썼어요.

그림 오복선

경원대학교 의상학과를 졸업해 프리랜스 일러스트레이터로 활동하고 있어요. 그린 책으로는
〈누구의 아기일까?〉 외 다수가 있으며 따뜻하고 아름다운 심성을 기를 수 있는 그림을 그리기 위해 노력하고 있어요.

추천 및 감수 (사)한국생활안전연합

(사)한국생활안전연합은 '어린이가 안전하면 모두가 안전하다' 라는 생각으로
사회적 약자가 안전한 세상을 만들어 가는 데 앞장서는 대한민국의 대표 안전 비영리공익법인입니다.
한국생활안전연합은 어린이가 안전한 세상을 만들기 위해서 어린이들의 안전한 등하굣길 만들기
S·L·O·W 캠페인, 안전한 가정 만들기 Safe Home Start 캠페인, 보육 시설 안전 캠페인,
안전교육프로그램 개발 및 교재 출판, 어린이·학부모·교사 대상 방문 안전교육 실시, 안전과 관련된 정책 및
입법 활동, 학술 연구 및 실태 조사, 국내외 안전 단체와의 교류 등 안전 문화를 확산하는 데 앞장서고 있습니다.
(www.safia.org)

지킴이 안전 교육 동화 57 눈이 아파요

글 꿈바라기 | 그림 오복선
펴낸날 2011년 4월 20일 | **펴낸이** 박도선 | **펴낸곳** 풀잎나라
출판등록 1999년 6월 10일, 제10-1773호
주소 413-756 경기도 파주시 교하읍 서패리 243-1
대표 전화 1644-7123 | **팩스** 031-948-7124
전자메일 dosi1@chol.com
홈페이지 www.pullipnara.co.kr

ⓒ풀잎나라 2011, Pullipnara
이 책은 풀잎나라에서 저작권을 소유하고 있으므로
본사의 동의나 허락 없이 글이나 그림, 사진을 사용할 수 없습니다.

*풀잎나라는 태동출판사의 어린이책 전문 브랜드입니다.

*잘못된 책은 구입한 곳에서 바꿔드립니다.

눈이 아파요

글 꿈바라기 | 그림 오복선

풀잎나라

햇볕이 따뜻한 봄날이에요.
선생님과 함께 꽃밭에 왔어요.

희선이가 친구들과 얘기를 할 때였어요.

휘익.

갑자기 바람이 불더니 먼지가 날아왔어요.

"아얏!"

희선이가 눈을 감싸 쥐었어요.

희선이는 눈이 따가웠어요.
주르르 눈물도 났지요.
선생님은 재빨리 희선이의 눈을 살폈어요.

"눈에 먼지가 들어갔나 보구나.
먼지가 들어갔을 땐 눈을 비비면 안 돼.
그러면 먼지가 더 깊이 들어가게 된단다."

선생님은 희선이를 수돗가로 데리고 갔어요.
"물로 씻으면 괜찮아질 거야."

선생님은 손을 깨끗이 씻은 뒤
희선이의 눈을 살펴보았어요.
"너무 작아서 보이지가 않네."

선생님은 약하게 수도꼭지를 틀고
희선이에게 말했어요.
"희선아, 수돗물에 눈을 대고 깜박거려 봐."

흐르는 물에 눈을 대고 깜박거리자
곧 아픈 게 사라졌어요.
"이제 괜찮아졌어요. 선생님."
"그래, 먼지가 씻겨 나갔나 보구나."

선생님이 친구들에게 말씀하셨어요.
"여러분, 눈에 먼지가 들어가면
절대 눈을 비벼서는 안 돼요."

"흐르는 물에 눈을 깜박여 보고,
그래도 먼지가 나오지 않으면
병원으로 가서 치료해야 해요."
"네."

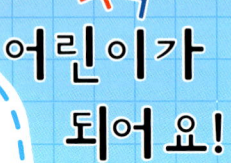

눈에 이물질이 들어갔을 때의 응급 처치

- 눈을 비비지 않아요.
- 눈물과 함께 이물질이 나올 수 있으니 눈물이 흐르면 그대로 두어요.
- 비교적 수압이 약한 흐르는 수돗물에 눈을 대고 눈을 깜박거려 씻어 내요.
- 눈을 씻어도 이물질이 나오지 않을 때에는 억지로 빼지 말고 병원으로 가요.
- 날카로운 것, 쇳가루 등은 절대로 빼려 하지 말고 즉시 병원으로 가요.

부모님께

바람이 불어 눈에 이물질이 들어가거나, 모래 장난을 하다가 눈에 모래가 들어갈 수 있습니다. 이럴 때는 유아에게 눈을 비비게 해서는 절대 안 됩니다. 선생님이나 부모님이 눈꺼풀을 뒤집어서 면봉으로 빼내거나 빼내기 어려운 상황이면 병원으로 가서 응급조치를 취해야 합니다.

안전한 행동을 알아요

다음 그림을 보고 알맞은 내용을 선으로 연결하세요.

희선이가 친구들과 얘기를 하는데 갑자기 바람이 불어 눈에 먼지가 들어갔어요.

선생님은 희선이가 눈을 비비지 않게 하고 수돗가로 데리고 갔어요.

희선이는 먼지가 들어간 눈을 수돗물에 대고 깜박거렸어요.

색칠하기

희선이와 친구들이 꽃밭에서 얘기를 하고 있어요. 예쁘게 색칠해 보세요.

〈참고 자료〉
교육인적자원부(2006), 유아를 위한 성교육 프로그램, 교육인적자원부
교육인적자원부(2007), 제7차 유치원 교육과정 해설, 교육인적자원부
교육인적자원부(2007), 유아를 위한 전자미디어교육 활동 자료, 교육인적자원부
보건복지가족부(2008), 연령별 보육프로그램 운영매뉴얼, 육아정책개발센터
윤선화 · 정윤경 · 이경선(2010), 영유아를 위한 안전교육과 안전교육 프로그램, 한국생활안전연합

안전 관련 기관

＊교통안전
　도로교통공단 www.koroad.or.kr
　한국생활안전연합 슬로우 어린이교통안전 캠페인 www.slow.kr

＊놀이 안전
　한국생활안전연합 놀이터안전센터 www.playsafety.or.kr

＊가정 안전
　안전한 가정 만들기(Safe Home Start) 캠페인 www.safehome.or.kr

＊화재 및 화상 안전
　소방방재청 www.nema.go.kr
　119 안전신고센터 www.119.go.kr　　전화 : 국번없이 119
　한국전기안전공사 www.kesco.or.kr
　한국가스안전공사 www.kgs.or.kr

＊재난 안전
　기상청 www.kma.go.kr
　국립방재연구소 www.nidp.go.kr

＊유괴 및 미아, 성폭력 예방
　경찰청 실종아동찾기센터 www.182.go.kr　　전화 : 국번없이 182
　중앙아동보호전문기관 www.korea1391.org　　전화 : 1577-1391 또는 국번없이 129
　서울해바라기아동센터 www.child1375.or.kr　　전화 : 02-3274-1375
　여성긴급전화 www.seoul1366.or.kr　　전화 : 각 지역번호＋1366
　한국성폭력상담소 www.sisters.or.kr　　전화 : 02-338-5801~2
　한국생활안전연합 www.safia.org　　전화 : 02-3476-0119

＊식품 및 약물 안전
　식품의약품안전청 www.kfda.go.kr
　질병관리본부 www.cdc.go.kr

＊승강기 안전
　한국승강기안전관리원 www.kesi.or.kr
　한국승강기안전기술원 www.kest.or.kr

＊기타
　응급의료정보센터 www.1339.or.kr　　전화 : 국번없이 1339